BOXER AND BRANDON

БОКСЕР і БРЕНДОН

Inna Nusinsky

Illustrations by Gillian Tolentino

www.kidkiddos.com
Copyright ©2015 by S.A. Publishing ©2017 by KidKiddos Books Ltd.
support@kidkiddos.com

Translated from Englsih by Iryna Dovhun
З англійської переклала Ірина Довгун

Library and Archives Canada Cataloguing in Publication
Boxer and Brandon (Ukrainian Bilingual Edition)/Inna Nusinsky
ISBN: 978-1-5259-2075-2 paperback
ISBN: 978-1-5259-2076-9 hardcover
ISBN: 978-1-5259-2074-5 eBook

Please note that the Ukrainian and English versions of the story have been written to be as close as possible. However, in some cases they differ in order to accommodate nuances and fluidity of each language.

Hello, my name is Boxer. I'm a boxer. I'm a type of dog called a boxer. Nice to meet you! This is the story of how I got my new family.

Привіт, мене звати Боксер. Я боксер. Я собака породи боксер. Приємно познайомитись! Ця історія про те, як я знайшов нову сім'ю.

It all started when I was two years old.

Все почалося, коли мені було два роки.

I was homeless. I lived on the street and ate out of garbage cans. People got pretty mad at me when I knocked over their trash cans.

Я був безхатній. Я жив на вулиці та їв зі сміттєвих баків. Люди дуже сердилися на мене, коли я перекидав їх баки для сміття.

"Get out of here!" they would shout. Sometimes I had to run away really fast!

– Забирайся звідси! – кричали вони. Інколи мені доводилося тікати дуже швидко!

Living in the city can be hard.

Життя в місті може бути важким.

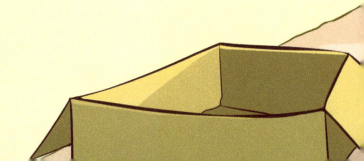

When I wasn't looking for food, I liked to sit and watch people walk by on the sidewalk.

У той час коли я не шукав їжу, мені подобалося сидіти та спостерігати за людьми, які проходили повз мене по тротуару.

Sometimes, I would look at people with my sad eyes and they would give me food.

Інколи я дивився на людей сумними очима, й вони давали мені їжу.

"Oh, what a cute doggy! Here, have a snack," they would say.

– О, який милий песик! Ось, візьми з'їж, – казали вони.

One day, a little boy and his dad were walking toward me.

Одного дня маленький хлопчик і його татусь крокували назустріч мені.

"How's that sandwich, Brandon?" asked the boy's dad.

– Як тобі сандвіч, Брендон? – запитав тато в хлопчика.

The sandwich looked really good!

Сандвіч виглядав дуже смачно!

I put on my sad eyes. The boy stopped and held out his sandwich. I was just about to take a bite, when...

Я зробив сумні очі. Хлопчик зупинився і простягнув свій сандвіч. Я тільки збирався відкусити шматок, коли...

"Brandon, don't feed that dog! He'll just come looking for more," exclaimed his dad. Brandon pulled the sandwich back.

– Брендон, не годуй цього пса! Він відразу прийде просити ще, – вигукнув його батько. Брендон смикнув сандвіч назад.

So close—I could smell the butter! Parents never want to share with me!

Так близько – я відчув запах масла! Батьки ніколи не хочуть ділитися зі мною!

I whined as pitifully as I could as they walked away.

Вони пішли, а я заскиглив так жалібно, як міг.

After that, I decided to take a nap. I was having a wonderful dream.

Згодом я вирішив подрімати. Я бачив чудовий сон.

I was in a park and everything was made from meat! The trees were steaks! It was the best dream ever.

Я був у парку і все було там із м'яса! Дерева мали вигляд стейків! Це був мій найкращий сон.

Something woke me up, though. Right in front of me was a piece of a sandwich! I jumped to my feet and gobbled it down.

Проте щось мене розбудило. Шматок сандвіча був прямо переді мною. Я скочив на ноги і проковтнув його.

Mmmmm! It was so good! Just like my dream.

Ммм! Він був такий смачний! Точнісінько як у моєму сні.

"Shh," said Brandon. "Don't tell Dad." What a nice little boy, I thought to myself.

– Чш… – промовив Брендон. – Не кажи батьку. Який чемний маленький хлопчик, подумав я про себе.

Day after day, Brandon would come visit me and give me a snack. Then, one day...

День при дні Брендон приходив і приносив мені їжу. Потім одного дня…

"Hurry up, Brandon. You'll be late for school," said Brandon's dad.

– Брендон, поспіши! Ти запізнишся в школу, – промовив батько до Брендона.

"I'm coming!" shouted Brandon as he ran past, dropping a brown bag on the sidewalk.

– Я вже йду! – вигукнув Брендон, коли пробігав повз мене. У цей час із його рюкзака випав коричневий пакунок.

Sniffing around, I walked up to it and looked inside. It was full of food!

Обнюхавши все навколо себе, я підійшов до нього і зазирнув всередину. Він був повний їжі!

I was just about to eat it all when I thought of something. Brandon always brings me food when I'm hungry. If I eat his food, then he'll be hungry.

Я тільки збирався все це з'їсти, як мені спало щось на думку. Брендон завжди приносить мені їжу, коли я голодний. Якщо я з'їм його їжу, тоді він буде голодний.

"I'm coming, Brandon!" I howled.

– Я біжу, Брендон! – голосно завив я.

He and his dad were way down the street. I ran after them with the brown bag in my mouth.

Він зі своїм батьком саме з'їхали вниз по вулиці. Я побіг за ними, тримаючи коричневий пакунок у пащі.

As I was passing an alleyway, I saw a cat. I hate cats! I forgot about my mission and dropped the bag.

Коли я пробігав уздовж вузького провулка, то побачив кота. Я ненавиджу котів! Я забув про свою місію і випустив пакунок.

"Bark, get out of here, cat!" I barked.

– Гав, забирайся звідси, кіт! – загавкав я.

Then I remembered Brandon's lunch. He was going to be hungry if I didn't bring him his lunch!

Потім я згадав про обід Брендона. Він буде голодний, якщо я не принесу йому обід!

It was hard, but I forgot about the cat. I picked up the brown bag again and started running.

Було важко, але я забув про кота. Я схопив коричневий пакунок знову й почав бігти.

Further down the street, I stopped again. A butcher shop!

Далі, вниз по вулиці, я зупинився знову. М'ясна крамниця!

There were pieces of meat and sausages hanging everywhere. Mmmmm...

Шматки м'яса та ковбаси висіли повсюди. Ммм...

Wait! I had to bring Brandon his lunch or he was going to be hungry!

Чекай! Я повинен принести Брендону його обід, або ж він буде голодний!

It was hard, but I forgot about the meat. I grabbed the lunch and started running again.

Було важко, але я забув про м'ясо. Я схопив обід і почав бігти знову.

I turned a corner and stopped. There was another dog wagging his tail.

Я повернув за ріг і зупинився. Там стояв інший собака, махаючи своїм хвостом.

"Hi, want to play?" he woofed.

– Привіт, хочеш пограти? – прогавкав він.

"I sure do!" I answered. "Oh, wait, I can't right now. I have to bring Brandon his lunch."

– Звісно, хочу! – відповів я. – Ой, постривай, я не можу зараз. Я мушу принести Брендону його обід.

It was hard, but I forgot about playing. I grabbed the lunch and started running again.

Було важко, але я забув про гру. Я схопив обід і почав бігти знову.

I could see the school—and there was Brandon with his dad! I ran as fast as I could.

Я побачив школу – і там був Брендон зі своїм батьком! Я біг так швидко, як тільки міг.

Stopping in front of Brandon, I dropped his lunch bag on the sidewalk. Just in time!

Зупинившись перед Брендоном, я поклав пакунок з його обідом додолу. Саме вчасно!

"Look, Dad, he brought my lunch!" exclaimed Brandon.

– Поглянь, тату, він приніс мій обід! – вигукнув Брендон.

Wow, he sure did. That's amazing!" said his dad. They both patted me on the head.

– Ого, дійсно. Це неймовірно! – промовив його батько. Вони обоє поплескали мене по голові.

Brandon was happy and so was his dad.

Брендон був щасливий, як і його батько.

In fact, his dad was so happy that he brought me home. He gave me a bath. He gave me food!

До речі, його тато був настільки щасливий, що аж приніс мене додому. Він помив мене в ванній. Він дав мені їжу!

Now when Brandon and his dad go walking, I get to walk with them. And when they go home, I get to go home with them!

Тепер, коли Брендон і його тато ходять на прогулянку, я гуляю з ними. І коли вони йдуть додому, я йду додому з ними!

I love my new home and my new family!

Я люблю мій новий дім і нову сім'ю!

CPSIA information can be obtained
at www.ICGtesting.com
Printed in the USA
LVHW070101160322
713577LV00008B/97

9 781525 920752